# BEI GRIN MACHT SICH IHR WISSEN BEZAHLT

AF155608

- Wir veröffentlichen Ihre Hausarbeit,
  Bachelor- und Masterarbeit

- Ihr eigenes eBook und Buch -
  weltweit in allen wichtigen Shops

- Verdienen Sie an jedem Verkauf

Jetzt bei www.GRIN.com hochladen
und kostenlos publizieren

Caroline Schließmann

# Das Theater von Rimini-Protokoll

GRIN Verlag

## Bibliografische Information der Deutschen Nationalbibliothek:

Die Deutsche Bibliothek verzeichnet diese Publikation in der Deutschen National-bibliografie; detaillierte bibliografische Daten sind im Internet über http://dnb.d-nb.de/ abrufbar.

## Impressum:

Copyright © 2009 GRIN Verlag GmbH
Druck und Bindung: Books on Demand GmbH, Norderstedt Germany
ISBN: 978-3-640-36723-8

## Dieses Buch bei GRIN:

http://www.grin.com/de/e-book/130338/das-theater-von-rimini-protokoll

**GRIN - Your knowledge has value**

Der GRIN Verlag publiziert seit 1998 wissenschaftliche Arbeiten von Studenten, Hochschullehrern und anderen Akademikern als eBook und gedrucktes Buch. Die Verlagswebsite www.grin.com ist die ideale Plattform zur Veröffentlichung von Hausarbeiten, Abschlussarbeiten, wissenschaftlichen Aufsätzen, Dissertationen und Fachbüchern.

**Besuchen Sie uns im Internet:**

http://www.grin.com/

http://www.facebook.com/grincom

http://www.twitter.com/grin_com

Universität Hildesheim, HS: Die Magie der Probe

SK, 7. Fachsemester, WS 08/09

# EXPERTEN DES ALLTAGS AUF DER

# BÜHNE:

# DAS THEATER VON RIMINI PROTOKOLL

von

Caroline Schließmann

# Gliederung

# 1 Rimini Protokoll – Anfänge und Einflüsse

"Rimini Protokoll" ist das Label der Theatermacher Helgard Haug, Stefan Kaegi und Daniel Wetzel, die jedoch nicht nach einer festen Rollenverteilung, sondern je nach Zeitplan und Interessensschwerpunkt entweder allein oder zu zweit bzw. zu dritt arbeiten. Eine konkrete Arbeitsteilung gibt es nicht, vielmehr versteht sich Rimini Protokoll als gleichberechtigtes Team, als offenes Regiekollektiv, dessen Mitwirkende zwischendurch immer wieder in anderen Konstellationen und Parallelproduktionen arbeiten.

Gemein haben die Regisseure ihren universitären Werdegang: alle drei studierten sie in den 90er Jahren am Institut für Angewandte Theaterwissenschaft der Justus-Liebig-Universität Gießen.

Stefan Kaegi, der während seiner Giessener Studienjahre mit dem Kommilitonen Bernd Ernst zusammenarbeitete, verwirklichte unter dem Titel "Hygiene Heute" bereits verschiedene Produktionen[1]. Der Name der Formation konnte durchaus als programmatisch verstanden werden, wandten sich Kaegi und Ernst damit doch ausdrücklich *„gegen den vielen Staub im deutschen Theater"*[2].

Daniel Wetzel, Helgard Haug, sowie Marcus Droß (ebenfalls ein Giessener Student) erarbeiteten seit 1995 unter dem Titel "Ungunstraum – Alles zu seiner Zeit" Performances, in denen ihnen vor allem daran gelegen war, Mechanismen des Theaters zu verwerfen. Schon damals setzten die späteren Rimini Protokoll-Mitwirkenden auf Theaterlaien als Experten für bestimmte Funktionen, ein Aspekt, der mittlerweile zum Charakteristikum ihrer Theaterarbeit geworden ist.

In den Jahren an der Universität ging es den Studenten zunächst darum, mit der Vergegenwärtigung von theatralen Mitteln zu experimentieren, sie auszustellen, das Artifizielle daran herauszuarbeiten, indem beispielsweise Licht und Ton auf der Bühne sichtbar hergestellt worden[3]. Sie wollten *„professionelle Dilettanten"*[4] sein und das mit dem erklärten Ziel, nur nicht in die berüchtigte Repräsentationsfalle zu tappen[5].

---

[1] Vgl. Dreysse, Miriam, Malzacher, Florian (Hrsg): Rimini Protokoll. Experten des Alltags. Das Theater von Rimini Protokoll, Alexander Verlag Berlin, 2007, S. 8 f.
[2] Ebd. S.15.
[3] Vgl. ebd. S.16.
[4] Ebd.
[5] Vgl. ebd.

*„Alles Gefällige, alles, was den Verdacht nahe legen konnte, es ginge darum,*
*einem Publikum zu geben, was es wollte, alles, was mit ‚reiner Optik und*
*Oberfläche, was mit konventioneller Dramaturgie zu tun hatte, stand unter*
*dem Generalverdacht des Nicht-Denkens."* [6]

Obgleich sich die Arbeiten von "Hygiene Heute" und "Ungunsträume" inhaltlich
berührten, kam es während der Studienzeit zu keiner Zusammenarbeit.

Mit dem Abschluss der Universität endeten auch die Produktionen der beiden
Gruppen. Erst 1999 stellten sich Daniel Wetzel und Stefan Kaegi gegenseitig ihre
Arbeit vor und entwickelten einen ersten gemeinsamen Produktionsentwurf. Das
daraus resultierende Projekt "Kreuzworträtsel Boxenstopp" über das Seniorenstift
neben dem Frankfurter Künstlerhaus, dessen Darsteller Bewohnerinnen des Stifts
waren, feierte im November 2000 Premiere[7]. Das Stück behandelte die Thematik des
Alters, kontrastiert mit der Geschwindigkeit eines Autorennens und war wegweisend
für folgende Rimini Produktionen[8]:

*„Vier alte Damen mit alten Stimmen und alten Körpern als Rennfahrerinnen*
*auf einer Bühne mit Treppenlift, Gehilfen und Flaggensignalen zur*
*Orientierung. Weil Geschwindigkeit, Präsenz des Todes und Verschmelzung*
*von Körper und Technik große Themen sind – im Altersheim wie in der*
*Formel 1. Weil sich über den Umweg eines fiktiven Autorennens unerwartet*
*viel und unerwartet einfühlsam erzählen lässt vom Leben am Ende des Leben.*
*Bereits 'Kreuzworträtsel Boxenstopp', die erste gemeinsame Arbeit von*
*Helgard Haug, Stefan Kaegi und Daniel Wetzel im November 2000 (noch*
*bevor sie sich den Namen Rimini Protokoll gaben), wies fast alle jene*
*Merkmale auf, die ihr Werk seither unverwechselbar prägen, so sehr sie auch*
*variiert, verfeinert, mal reduziert, mal erweitert werden: nichtprofessionelle*
*Darsteller als Experten für ihr eigenes Leben, für ihren eigenen Alltag.*
*Die Auseinandersetzung mit dem konkreten Ort der Aufführung oder dessen*
*Umfeld (wie eben ein Seniorenstift direkt neben dem Theater).*
*Ein Text, der deutliche Spuren seiner Entstehung zeigt, der dokumentarisch*
*und literarisch zugleich ist und sehr disparate Materialien der Recherche (wie*

---

[6] Ebd.
[7] Vgl. ebd. S. 20.
[8] Vgl. Haug, Helgard, Kaegi, Stefan, Wetzel, Daniel, Online-Publikation: http://www.rimini-protokoll.de/website/de/project_481.html , Stand 03.01.2009.

*Alter und Formel 1) verschneidet. Die Eröffnung neuer Perspektiven auf*
*vermeintlich Altbekanntes. Eine Dramaturgie, die sich, ebenso wie der Text,*
*aus Vorgefundenem entwickelt, und die gleichzeitig immer eine Dramaturgie*
*der Fürsorge ist, die Performer schützt, aber auch fordert.[9]"*

## 2 Spezifische Merkmale der Theaterarbeit von Rimini Protokoll

Markenzeichen der Theater- und Radioprojekte von Rimini Protokoll ist die Arbeit mit
so genannten "Experten aus der Wirklichkeit" oder "Spezialisten": bei den
Mitwirkenden handelt es sich um Theaterlaien, die jedoch nicht als Laiendarsteller
agieren, sondern als Darsteller ihrer selbst auftreten und von den Künstlern als
"Experten" oder auch "ready-made-Darsteller" bezeichnet werden.
Diese "Darsteller" spielen keinen Dramentext, sondern sich selbst in den
Theateraufführungen, Radiostücken und Filmprojekten. Dabei werden sowohl Text,
als auch Stückverlauf auf der Basis der jeweiligen Biografien der Beteiligten
erarbeitet.[10]

### 2.1 Experten des Alltags auf der Bühne

Den Begriff Experten verwenden Rimini Protokoll für Menschen, die repräsentativ für
bestimmte Erfahrungen, Kenntnisse und Fähigkeiten stehen, von denen sie während
einer Produktion "berichten". Dieses Konzept beruht darauf, dass die Protagonisten
nicht an ihren darstellerischen Begabungen, sondern schlicht an ihrem persönlichen
Expertentum gemessen werden und behauptet somit bewusst das Gegenteil von
Laientheater.

> *„Wir haben das 'Experten-Theater' genannt, weil wir erst einmal den Begriff*
> *des 'Laien' abwenden wollten. Wenn man nicht mit Schauspielern arbeitet, ist*
> *'Laien-Theater' immer der erste Begriff, der auftaucht. [...]*
>
> *'Laien' sind die, die gerne wollen, aber nicht können und wir arbeiten mit*
> *Menschen, die etwas gerade besonders gut können, also Experten sind. Das*

---

[9] Dreysse, Miriam, Malzacher, Florian (Hrsg): Rimini Protokoll, S. 8.
[10] Vgl. ebd. S. 64 f.

*können Experten für Karl Marx sein, aber auch Experten für eine bestimmte Lebenssituation."[11]*

Rimini Protokoll nutzen das Theater als Medium, um Leute ins Zentrum zu rücken, die sonst höchstens Zuschauer sind und deren Aufgabe es ist, "lediglich" sich selbst zu vertreten. Dabei lässt sich ihr Sprechen, ihr Handeln verstehen als ein Akt des Erinnerns an Alltägliches, welches durch den Theater- und Bühnenkontext, in dem die Experten agieren, hervorgeholt, erinnert und in einen lebendigen Zusammenhang gestellt wird.

Riminis Arbeiten widmen sich dem Versuch, nicht darstellbare subjektive Erfahrungen zu artikulieren und ihre Darstellung gleichzeitig zu problematisieren[12].

*"Das Skript rotiert, Änderungen, Einwände, Umstellungen werden in langen Gesprächen vor und nach den Proben diskutiert; der Verständigungsprozess untereinander, der immer ein Fortschreiben von Text und Inszenierung ist, verlangt mehr Zeit als das Proben selbst. Denn die Meinungsverschieden- und Unsicherheiten, das Unfertige, Entstehende müssen weitgehend intern bleiben."[13]*

Dabei steht vermeintlich ein bestimmtes Sujet im Mittelpunkt, unter dem Rimini Protokoll verschiedene Menschen mit verschiedenen Biografien versammeln und so eine Stückmontage kreieren.

Für die Mitwirkenden von Rimini-Protokoll scheint diese Art der Theaterarbeit oftmals eine beglückende Erfahrung sein, einerseits möglicherweise, weil sie einen Austausch und Kontakt ermöglicht, der soziale Grenzen überschreitet, denn hier treffen Akademiker auf Handwerker, Arbeitslose auf Gutverdienende, Alte auf Junge[14], oder auch weil die eigene Biografie in dieserTheaterarbeit eine seltene Aufwertung erfährt.

---

1    [11] Haug, Helgard, zitiert nach Olbert, Frank in: Hörspielpreis der Kriegsblinden für Deutschlandfunkproduktion "Das Kapital", Online-Publikation, http://www.dradio.de/dlf/sendungen/hoerspielkalender/751454/, Stand 23.03.2009.

[12] Vgl. Dreysse, Miriam, Malzacher, Florian (Hrsg): Rimini Protokoll, S. 183 f.
[13] Ebd. S. 22.
[14] Vgl. ebd. S. 72.

## 2.2 Stückentwicklung und Textproduktion

Die Verbindung von dokumentarischem Material und subjektiven Erfahrungen, Gesellschaftlichem und Individuellem, die sich aus der Arbeit mit den Experten ergibt, erweitert schlichte Information um subjektive Wahrnehmung und folgt einer Dramaturgie, die aus Vorgefundenem entwickelte wurde. Die behandelten Themen – Krieg, globale Marktwirtschaft, Kapitalismus, Arbeitslosigkeit, Umgang mit dem Alter, Sterben, Tod – sind weitreichend und verschachtelt[15].

Das Theater von Rimini Protokoll will zeigen, nicht bewerten und kann zugleich nur zeigen, was Menschen auf der Bühne zu zeigen gewillt sind[16]:

> „Sie haben Neugier. Sie sind auf der Suche nach den hinter der Realität liegenden Ursachen und Entwicklungen. Das ist nicht besserwisserisch oder belehrend, sondern eine eher heuristische Herangehensweise. Sie geben keine Antworten, sondern sie stellen Fragen. Dadurch tasten sie sich über jede einzelne Figur, die sie auf die Bühne bringen, allmählich an bestimmte Dinge heran. Sie selbst, ihre eigene Lebensgeschichte, ihre eigene Meinung sind völlig unwichtig.[17]"

Was auf der Bühne gezeigt wird, setzt stets den Konsens aller Beteiligten voraus.

Die entwickelten Texte beruhen immer auf ausführlichen Recherchen, vor allem auf langen Gesprächen mit den Experten und sind in der fertigen Bühnenfassung eine Mischung aus facts und fiction. Genau das macht den Spannungsmoment der Produktionen von Rimini Protokoll aus, denn Authentisches wird ebenso fiktionalisiert, wie Fiktionales in die Wirklichkeit geholt wird. Was nun aber real, was fiktiv ist, bleibt im Unklaren, wird im Gesamtwerk undeutlich.

Die Theaterarbeit von Rimini Protokoll hat zu einer spezifischen Textsorte geführt, in der die Realität "geskriptet" wird und dies überwiegend mit den Mitteln des Protokollierens und Tagebuchführens. Dabei vermischt sich die Geschichte der Proben mit der Geschichte des Stücks,

---

[15] Vgl. ebd, S. 8.
[16] Vgl. ebd. S. 33.
[17] Sven-Joachim Otto, gescheiterter Oberbürgermeisterkandidat Mannheims 2004, Experte in "Wallenstein. Eine dokumentarische Inszenierung.", zitiert nach: Dreysse, Miriam, Malzacher, Florian (Hrsg): Rimini Protokoll, S. 72.

Gehörtes wird während der Proben mehr und mehr in eine eigene Form gebracht, die immer wieder mit Realität der Performer abgeglichen wird. Das letztendliche Fixieren des Textes wird so oft auch zur Verhandlungssache.[18]

Hinter dieser Arbeitsweise steht das Konzept, anstelle fiktiver Stoffe und Plots Ausschnitte sozialer Wirklichkeit zum theatralen Gegenstand zu machen – meist unter der Prämisse einer kultursoziologischen Fragestellung.[19]

Die Produktionen von Rimini Protokoll haben den Charakter eines gesellschaftlichen Experiments, einer sozialen Utopie, in der das Verwischen der Grenzen zwischen Realität und Fiktion zu der immanenten Frage führt: Wann hört die Realität auf und wann fängt die Aufführung an?

Nicht nur indem Rimini Protokoll beispielsweise die Theatralität von Arbeit und Alltag ausstellen, schüren sie beständig Zweifel an der Verlässlichkeit der eigenen Wahrnehmung. Inszenierung und Realität können nicht klar voneinander getrennt werden, denn die Realität ist Teil der Inszenierung.

In den Aufführungen wird immer auch versucht, die Mechanismen von Realität, Simulation und Theater offen zu legen, was einhergeht mit einer Verunsicherung auf Seiten der Zuschauer. Hier wird jedoch Echtes nicht als Alternative zum Theatralen präsentiert, sondern es werden verschiedene Facetten von Fiktionalität eröffnet und damit neue Sichtweisen auf die Wirklichkeit geliefert[20].

## 3    Das Theater von Rimini Protokoll – Projektbeispiele

Seit der 2000 uraufgeführten Produktion "Kreuzworträtsel Boxenstopp" entstanden unter dem Label "Rimini Protokoll" nicht nur eine Reihe bemerkenswerter Bühneninszenierungen, sondern auch viele Hörspiele und ortspezifische Arbeiten, wie beispielsweise das Projekt "Sonde Hannover" im Jahre 2002.

### 3.1   "Sonde Hannover" (2002)

In dem Observationsstück saßen die Zuschauer auf improvisierten Tribünen im obersten Stockwerk des Kröpcke-Hochhauses in Hannover. Mit Feldstechern beobachteten sie von dort aus den Knotenpunkt mehrerer Einkaufsstraßen.

---

[18] Vgl. ebd. S 37 f.
[19] Vgl. ebd. S. 65.
[20] Vgl. ebd. S. 78.

Das Stück entwickelte sich aus der Verdichtung des zufälligen Straßengeschehens mit Soundtrack und live-Kommentaren, die den Zuschauern via Kopfhörer gesendet wurden.

Darüber hinaus starteten sogenannter "Sonden" – als Passanten getarnte Menschen, die mit Mikrofonen ausgestattet waren – verdeckte Aktionen und hörten beispielsweise Passanten entsprechend der Überwachungsmethoden der Polizei ab oder führten Handlungen auf der Straße durch, die nur mit dem zugehörigen Soundtrack Sinn ergaben. [21]

> „Der Blick von oben erklärt die Stadt zur Bühne, aus Passanten werden Figürchen, ihre Bewegungen erscheinen planbar, ihre Handlungen in Raster, Tabellen, Kategorien einteilbar.'[22]

## 3.2 "Call Cutta" (2005)

Für ihr Mobile Phone Theatre unter dem Titel "Call Cutta" (2005) casteten Rimini Protokoll Call-Center-Agenten in Kalkutta und richteten dort eine eigene Call-Center-Einheit ein, von der aus ein Stadtrundgang in Berlin ferngesteuert wurde[23].

> „Alle 10 Minuten geht ein Zuschauer mit einem Handy los. Ohne ihr Publikum zu sehen, führen die Call-Center.Agenten ihre Gesprächspartner durch die Stadt – in Indien durch ein übervölkertes Viertel vergangener <<goldener>> Theater-, aber auch Widerstandstage im Kampf gegen die britische Kolonialmacht; in Berlin entlang von Stationen des Widerstandskämpfers Subhas Chandra Bose während seiner Berlin-Aufenthalte in den 40er Jahren.'[24]

Die performative Audioführung lenkte die Berliner Theatergänger durch Hinterhöfe und verlassene Parks vom Berliner Hebbel am Ufer zu einer Einkaufspassage am Potsdamer Platz.

---

[21] Vgl. http://www.rimini-protokoll.de/website/de/audio_video_title.html, Stand 23.03.2009.
[22] Vgl. Haug, Helgard, Kaegi, Stefan, Wetzel, Daniel, Online-Publikation,
http://www.rimini-protokoll.de/website/de/project_395.html, Stand 23.03.2009.
[23] Vgl. Dreysse, Miriam, Malzacher, Florian (Hrsg): Rimini Protokoll, S. 223.
[24] Ebd.

### 3.3 "Wallenstein. Eine dokumentarische Inszenierung" (2005)

In den letzten Jahren zogen Rimini Protokoll übergroße Texte als Gegenstände der Auseinandersetzung und Überprüfung heran. "Wallenstein. Eine dokumentarische Inszenierung" aus dem Jahr 2005 stellte Menschen aus Mannheim und Weimar auf die Bühne, die sich mit ihren Biografien an den Protagonisten des Schiller-Dramas maßen und ihnen entgegentraten. Die Menschen aus diesen zwei Städten, die zu den gegensätzlichen ideologischen Blöcken entlang des Eisernen Vorhangs gehörten[25], waren *„Experten für Aufstieg und Fall im politischen Ränkespiel der Macht, Loyalität und Gehorsam oder eben auch das Individuum in rasanten politischen Umbruchphasen."*[26]

### 3.4 "Uraufführung: Der Besuch der alten Dame" (2007)

In dem 2007 erstmals aufgeführten Stück: "Uraufführung: Der Besuch der alten Dame" wurde die legendäre Uraufführung dieses Dürrenmatt-Dramas rekonstruiert. Mehr als 50 Jahre später agieren hier Menschen im Schauspielhaus Zürich, dem Ort der damaligen Uraufführung, sie erinnern sich an das Stück, an den Welterfolg Dürrenmatts und spielen dabei über weite Strecken das Theaterstück – 50 Jahre zuvor waren sie selber Zuschauer, Bühnentechniker, Kinderstatisten und sonstige Zaungäste.[27]

### 3.5 "Breaking News. Ein Tagesschauspiel" (2008)

In "Breaking News. Ein Tagesschauspiel" aus dem Jahr 2008 liefert Aischylos' Tragödie "Die Perser" die Vorlage für einen Vergleich mit der aktuellen Dramaturgie der TV-Nachrichten aus 12 verschiedenen Ländern.

Am Abend der jeweiligen Aufführung werden diese live gezeigt und von Experten übersetzt und kommentiert.

> *„Bei dieser babylonischen Konferenzschaltung drücken keine Schauspieler die Stopptaste: Es sind echte Cutter, Übersetzer und Journalisten. Auf der Bühne dolmetschen sie als "Experten des Alltags" dem Publikum, was die im Fernsehen erzählen. Von CNN bis Al Dschasira, von lateinamerikanischen bis zu isländischen Sendern: So sehr Bilder und Aufmachung einander ähneln, so unterschiedlich sind Schwerpunkte und Sprachregelungen."*[28]

---

[25] Vgl. Dreysse, Miriam, Malzacher, Florian (Hrsg): Rimini Protokoll, S. 224.
[26] Ebd.
[27] Vgl. ebd., S. 194.
[28] Ravasani, Donya: Schwere Zeiten für mündige Zuschauer - Ein Spiel auf zwölf Nachrichtenkanälen von "Rimini-Protokoll", Online-Publikation, http://www.3sat.de/3sat.php?http://www.3sat.de/kulturzeit/themen/117298/index.html, Stand 22.03.2009.

## 3.6 Hörspiele

Eine Sonderrolle nehmen Rimini Protokoll auch bei ihren Hörspielen ein, die sie zumeist auf Basis ihrer Theaterprojekte entwickeln, in denen sie jedoch häufig kommentierend oder persiflierend auf die vorangegangenen Bühnenarbeiten Bezug nehmen.

Wie bei den meisten ihrer Theaterprojekte stehen auch in den Hörspielen die Stimmen und Aussagen "echter Menschen" statt professioneller Sprecher im Mittelpunkt, anders aber als bei dem Großteil der Bühnenarbeiten von Rimini Protokoll arbeiten die Hörstücke aber mit – wenn auch durch Schnitt und Musik verfremdeten und beschleunigten – direkten, dokumentierten Dialog.[29]

---

[29] Vgl. Wikipedia-Artikel: Rimini Protokoll, Online-Publikation, http://de.wikipedia.org/wiki/Rimini_Protokoll, Stand 15.02.2009.

# 4 Schluss

Das Theater sei, so behauptet Stefan Kaegi in einem Interview mit Nina Peters in "Theater der Zeit", keine Heilanstalt, sondern ein Museum, in dem die Dinge und Menschen aus einer gewissen hektischen Kausalität herausgehoben scheinen. Kaegi richtet sich gegen die Auffassung von Bühne als moralische Bildungsanstalt und somit gegen jegliche Bevormundung des Zuschauers, denn diese seien *„doch nicht krank"[30]*. Der größte Fehler der Aufklärung liegt nach Kaegi in der Annahme, die Menschen seien nicht mündig. Er jedoch suche vielmehr nach Ich-Erzählern eines Romans und versteht seine eigene Tätigkeit dabei mehr als die eines Journalisten, Dokumentarfilmers oder Lektors, denn die Geschichten, so Kaegi, seien alle schon da, es gelte sie einzurahmen, auszuwählen und so zu fokussieren

dass ein Publikum Lust bekäme, sie mit dem eigenen Hermeneutik-Mikroskop zu durchleuchten.[31]

Die Suche *„... nicht nur nach einem Thema, das die Lebenswelt der Zuschauer, der Produzenten und ihrer Protagonisten berührt, sondern auch nach den richtigen und über das Eigentliche hinausweisenden Frage..."[32]* macht dabei wahrscheinlich genau die Stärke der seit nunmehr acht Jahren erfolgreichen Theaterproduktionen aus.

Und Fragen, aus denen sich Stücke entwickeln, gibt es genug:

*„Aus jedem Projekt, so Haug, entspinne sich ein neues. Ist es Aufklärung, was sie treiben? Nein, sagt Haug schnell, das klinge so didaktisch. Nein, sagt Daniel Wetzel ,aufklären', das wollen sie nun wirklich nicht. Was dann? ,Theater machen.[33]*

---

[30] Peter, Nina: Keine Heilanstalt, sondern Museum, Interview in: Theater der Zeit, Heft 10/2006, S. 23
1.1    [31] Vgl. ebd.
1.2    [32] Magel, Eva-Maria: Was der Bote überbringt. Die Welt im Guckkasten: Rimini Protokoll gastiert mit „Breaking News" im Schauspiel Frankfurt. Frankfurter Allgemeine Zeitung, 21.02.2008, S. 15
1.3    [33] Ebd.

12

**Quellenangabe**

**Literatur:**

**Dreysse, Miriam, Malzacher, Florian (Hrsg):** Rimini Protokoll. Experten des Alltags. Das Theater von Rimini Protokoll, Alexander Verlag Berlin, 2007

**Zeitungsartikel:**

**Magel, Eva-Maria**: Was der Bote überbringt, Die Welt im Guckkasten: Rimini Protokoll gastiert mit „Breaking News" im Schauspiel Frankfurt. Frankfurter Allgemeine Zeitung, 21.02.2008, S. 14-15

**Peter, Nina:** Keine Heilanstalt, sondern Museum, Interview in: Theater der Zeit, Heft 10/2006, S. 22-26

**Internetquellen:**

**Haug, Helgard/ Kaegi, Stefan/ Wetzel, Daniel:** www.rimini-protokoll.de, Online-Publikation, Stand 23.03.2009

5   **Olbert, Frank:** Hörspielpreis der Kriegsblinden für Deutschlandfunkproduktion
6   "Das                          Kapital",                          Online-Publikation,
    http://www.dradio.de/dlf/sendungen/hoerspielkalender/751454/,              Stand
    23.03.2009
7
**Ravasani, Donya:** Schwere Zeiten für mündige Zuschauer - Ein Spiel auf zwölf Nachrichtenkanälen          von          "Rimini-Protokoll",          Online-Publikation,
http://www.3sat.de/3sat.php?http://www.3sat.de/kulturzeit/themen/117298/index.html, Stand 22.03.2009

8   **Rimini    Protokoll**:    Artikel    in:    Wikipedia,    Online-Publikation,
    http://de.wikipedia.org/wiki/Rimini_Protokoll, Stand 15.02.2009